걱정하면
 지는거고
설레면
 이기는 겁니다

걱정하면 지는거고 설레면 이기는 겁니다

글·그림 용정운

불광출판사

추천의 글

용정운 작가와 인연을 맺은 지도 벌써 20여 년이 되었다. 서울의 큰 회사에서 나름 능력을 인정받는 웹 디자이너로서, 말 그대로 한창 잘나가던 법우였다. 그런데 어느 날 갑자기 회사를 그만두고는 정말 좋아하는 일을 하겠다며 출가하듯 뛰쳐나가 시작한 것이 '불교 일러스트'였다. 동자승을 그리고, 사찰과 암자를 그리면서 즐거워 보였다. 모르긴 해도 많은 어려움이 있었을 법한데, 끝까지 의지를 굽히지 않고 그 길을 묵묵히 걸어가는 모습이 참으로 고맙고 멋있었다.

용정운 작가의 그림은 딱 '내 스타일'이다. '목탁소리' 홈페이지가 만들어진 초기부터 운영자로 있으면서 오랫동안 웹 디자인을 다 해주었는데, 할 때마다 너무나 마음에 쏙 들었다. 이번에 새 책을 낸다고 했을 때도 미리 원고를 보았더니, 아니나 다를까 용정운 작가의 천연 감성과 함께 불법(佛法)을 일상에 녹여 낸 글과 그림이 예쁘고 앙증맞으면서도 경건하게 다가왔다.

용정운 작가, 심연 법우님은 소탈하고 편안하고 자연스럽다. 춘천의 산과 호수가 만들어 낸 자연 속에서 어린 딸아이와 함께 뛰어 놀고, 글을 쓰고 그림을 그리며 누가 뭐라고 해도 흔들림 없이 자기만의 삶을 그녀

답게 살아간다. 용정운은 그냥 용정운이다. 오랜 시간 진리와 자신을 탐구한 삶의 궤적에서 우러나온, 누구와도 닮지 않은 그녀만의 감성과 마음공부와 삶이 그림 속에 스며들어 있다.

평범한 아이 엄마이면서 그림 그리고 글 쓰는 작가, 독특하고 앙증맞은 홈페이지를 디자인하는 웹 디자이너. 그 모든 모습의 배경에는 언제나 오래도록 수행한 한 명의 수행자가 깊이 오버랩 되어 있다.

용정운 법우가 20여 년 전 불교를 주제로 한 일러스트를 그리고 싶은데 잘할 수 있을지 모르겠다고 했을 때, 일단 저질러 보라고 하기를 참 잘 했다. 당시에는 불교를 주제로 한 일러스트를 그리는 사람은 거의 없었지만, 이제는 이런 특별한 작가가 불교계에도 하나쯤 있어야 하지 않을까. 그런 작가가 우리에게 왔으니, 마음껏 보고 찾고 감상하고 감동해 보시길.

인터넷 수행도량 '목탁소리' 지도법사
법상 합장

책을 펴내며

많은 지식과 대단한 깨달음이 있어
글과 그림을 나누려는 것이 아니라
부족하고 부끄러운 솜씨이지만
수행하시는 데, 살아가시는 데
조금이라도 보탬이 되었으면 하는 바람으로
한 줄 한 줄 글을 써 내려가 봅니다.

지극히 개인적일 수도 있고
수다스러울 수 있는 내용이지만
수행을 하면서 아이를 키우면서 사람들을 만나면서
느끼고 경험해 온 사소한 일들이
이야깃거리가 되고 그림의 소재가 되었습니다.

아무것도 아닌 일이 무의미한 일이 아니며
쉬운 일도 저절로 되는 것이 아니며
작은 일이 사소한 일이 아니라는 것을 살아가면서 배웁니다.

아무것도 아닌 쉽고 작은 일들이 모여서
하루가 되고 이틀이 되고 한 달이 되고 일 년이 되어
지금의 모습으로 서 있더라고요.

변화하지 않으면 앞으로의 미래도
크게 달라지지 않을 걸 압니다.

내게 주어진 일상을 소중히 여기고 감사해 하는 것.
순간을 놓치지 않고 알아차리는 것.
이보다 더 중요한 게 없다는 것.
가슴깊이 새기며 살아가겠습니다.

늘 제 작품 활동을 응원해 주시고 지켜봐 주시는
법상 스님과 목탁소리 법우님들께 깊은 감사드립니다.

2018년 1월
용정운 합장

차례

추천의 글 · 4
책을 펴내며 · 6

위로 · 14
내려놓기 · 16
물들이다 · 18
충전 · 20
웃자 · 22
부처님 그늘 · 24
봄이 오고 있습니다 · 26
성내는 놈 · 28
내 목소리에 귀 기울이기 · 31
봄맞이 · 34
지금 이 순간 · 36
채우다 · 38
지금 여기 · 40
봄 · 43
낮추기 · 46
참회 · 48
길눈이 어두워요 · 51

난 바보야 · 53
비추어 보기 · 56
설렘 · 58
의미 있는 일 · 60
잡지 않는다 · 62
부처님이 가신 길 · 64
명상 · 66
내가 배우고 싶은 법 · 69
마음 열기 · 72
물고기를 잡으려면 · 74
사유하기 · 76
기쁨의 꽃 · 78
측은지심 · 80
파장 · 82
웃음꽃 · 84
희망의 등 · 86
분별 · 88

도 · 90
부디 · 92
수용서 감사랑 · 94
든든한 부처님 · 97
부처님에게로 가는 길 · 100
아는 체하지 말기 · 102
부질없는 일 · 104
내가 · 106
약속 · 108
법륜 · 110
괜찮아 · 112
보름달 · 115
뭐가 보이니 · 118
말 · 120
휴식 · 122
정성 다하기 · 124
익숙함 · 126

9

구나, 겠지, 감사 · 128
행복 바이러스 · 130
집착 · 132
나는 초심자입니다 · 134
길 · 136
지금 깨어 있기 · 139
법의 주머니 · 142
성장 · 144
좋은 사람 · 146
수행의 때 · 148
당신은 나의 부처님입니다 · 150
마음속에 뭘 키울까 · 152
고요한 마음 · 154
햇살 맞이하기 · 156
허용하라 · 158
만족 · 160
바라보기 · 162

울음꽃 · 164
공든 탑이 무너지랴 · 166
무언가를 단정짓지 말자 · 169
수행도 셀프 · 171
소중한 인연 · 174
자연스러워라 · 176
알아차릴 뿐 · 178
산책길 · 180
다시 정진 · 182
거침없는 정진 · 184
따스한 손 · 186
108배 정진 · 188
늦어도 괜찮아 · 190
부처님 사랑 · 192
올 것은 오고, 갈 것은 갑니다 · 194
물처럼, 꽃처럼, 하늘처럼 · 196
염두에 두기 · 198

준비 · 200
지금 이 자리에서 · 202
모두 부처 · 204
부처님의 진리 속에 · 206
감사합니다 · 208
변함없는 정진 · 210
인생에 어찌 봄날만 있겠는가 · 212
내가 그리는 내 모습 · 214
나는 수행자입니다 · 216
시작이 반 · 218
마음의 문 · 220
제법무아 · 223
법비 · 226
무한한 가능성 · 228
지금 이 순간을 즐겨라 · 230
새해 · 232
보름달처럼 큰 사랑 · 234

겨울나무 · 236
함께하는 세상 · 238
비교하지 말기 · 240
새로운 날 · 242
도반 · 244
본래의 자리 · 246

다시 정진……!

걱정하면
지는거고
설레면
이기는 겁니다

위로

스스로를 위로하는 방법.
팔을 감싸 안고 손으로 쓰다듬으며
토닥여 줍니다.
괜찮니? 괜찮아! 괜찮아….

'지금 이대로는 괜찮지 않아!'
'많이 부족해.'
'더 노력해야 해.'
그러나 그것은 그저 흘러가는 생각일 뿐!

그런 생각만 없다면,
지금 이대로 아무 문제가 없습니다.
이대로 괜찮습니다.

내려놓기

내려놓을 수 있다는 건 행복입니다.
무더운 여름날 한시름 잊어 갈 수 있도록
시원한 물을 선사합니다.

마음의 짐을
시원한 물속에 녹여 버리니
행복합니다.

물들이다

자신을 색칠해 보세요.
어떤 색으로 칠해 볼까요?

오늘은 비가 오니 좀 더 환하게 색칠을 해볼까?
높고 파란 가을 하늘을 닮고 싶으니
파란 하늘빛으로 물들여 볼까?

자신을 빛의 마술사, 색의 마술사로 변신시켜 보세요.
내가 지금 원하는 빛이 무엇인지
어떤 사람이 되고 싶은지
자신을 표현해 보세요.

스스로 물들인 빛은 주위도 물들여 갑니다.
따스하고 온화한 빛으로,
사랑이 넘쳐나는 빛으로….

마음공부는 물드는 공부입니다.
향 내음이 천천히 스며들듯
자기다운 방식으로 진리를 색칠해 가다 보면
빛으로 물들어 있는 자신을 보게 될 겁니다.

충전

하루를 정신없이 지내다가
손가락 들 힘조차 없을 때
간절히 외쳐 봅니다.

'아, 충전….'
'충전이 필요해!'
'어디서 에너지를 충전하지?'
'명상, 수행이 있잖아!'

명상을 통해
밝은 에너지를 충전합니다.

웃자

절박함 속에서도 웃어요.
온몸이 아프고 저리더라도
미소만은 잃지 말아요.

다 내려놓고,
그저 웃을 때,
살 길이 열립니다.

벼랑 끝이라는 생각,
우울하고, 절망적이라는 생각이
나를 괴롭히고 있었기 때문에
그 길이 드러나지 않았던 것입니다.

턱 놓고 나면,
그 웃음 속에서,
길이 보입니다.

부처님 그늘

내면의 부처님께
나를 완전히 맡기고 나면
부처님께서 저절로 이끌어 주십니다.

때로는 누군가의 위로보다
그저 부처님께 내맡김이 더 큰 위로가 됩니다.

내가 할 일은 없어요.
그저 턱 내맡기고 편안히 쉴 뿐!
오히려 힘을 빼고 쉴 때,
내면의 주인공에게 다 내맡기고 쉴 때,
그 쉼 속에서
길을 찾게 됩니다.

부처님이라는
넓은 그늘 아래 쉴 수 있어서
참으로 다행입니다.

깊은 보살핌에 지친 몸 쉬다 갑니다.

봄이 오고 있습니다

스스로 행복해지려면
스스로 행복하다는 것을
인정하기만 하면 됩니다.

지금 자신이 추운 겨울을
보내고 있다고 생각한다면
이 또한 받아들이고
겨울이라 불행하다 생각지 말고

그럼에도 불구하고

그 안에서 냉철한 눈으로
행복한 자신을 발견해 보시기 바랍니다.

성내는 놈

몸이 아프고 불편하니
마음도 지치고 힘이 듭니다.

말도 하고 싶지 않고
일도 하기 싫고
밥도 하기 싫고
그냥 쉬고만 싶은데 그럴 수 없으니
그 불편함의 화살은
만만한 아이에게로 향합니다.

울음을 그친 아이가 그럽니다.
"예쁜 엄마가 왜 그래?"

아이가 보기에도 엄마의 모습이
참으로 헷갈렸나 봅니다.

문득 나를 놀라게 하는 요 성내는 놈.
이건 도대체 어디에서 나타난 걸까요?

부처님께 여쭈니
그저 인연 따라 왔다가 가는 것이니,
그 화를 없애려고 애쓰지 말고,
그저 내버려 둔 채
바라만 보라고 하시네요.

쓰레기통에 확 던져 넣으려다가
문득 바라봅니다.
넌 누구니? 어디에서 왔니?

내 목소리에 귀 기울이기

어느 날 동영상 속에서 흘러나오는
내 목소리가 낯설어 놀란 적 없으신가요?

평소에 듣던 내 목소리와도 다르고
너무 딱딱하기도 하고,
성의 없어 보이기도 하고,
무심한 듯해 좀 부끄럽다는 생각이 들었습니다.

내 목소리가 이랬었나?

말에는 평소의 마음이 담겨 있을 텐데
내 목소리에 한 번 놀라고
그 말 뒤에 있을 마음에 또 한 번 놀랍니다.

말 또한 얼굴이거늘
좋은 마음 담아서
천천히 가려 가며 해야겠구나,
반성하게 되네요.

내 입에서 나오는 목소리,
그 말의 소리, 마음의 소리를
사만사만 낯선 시선으로
한 발자국 떨어져서 바라봅니다.

봄맞이

겨우내 움츠리고 있던 몸과 마음이 기지개를 켭니다.

추위에 닫혀 있던 문들도 활짝 열어 바람을 통하게 하고
집안 구석구석 먼지를 떨어냅니다.
거실 가득 들어오는 햇살에 생기가 넘칩니다.

몸을 부지런히 움직이니
마음은 덤으로 폴짝폴짝 춤을 추는 듯합니다.

날도 포근하고 집안도 정리해 놓았으니
이젠 마음에 쌓인 때도 좀 닦아 내야겠습니다.

주변도 깨끗하게
나의 심신도 깨끗하게
봄맞이 수행정진 합니다.

지금 이 순간

한없이 한없이 가라앉고
더 이상 일어설 수 없을 만큼 무거워진
몸과 마음을 주체하기 힘들 때,
계속되는 좌절과 실망 앞에서
희망조차 찾을 수 없는 순간.

잠자고 있는 세포를 깨우는 바람처럼
문득 한 줄기 빛처럼 무언가를 경험하게 되는 그 순간.

느껴 보세요.
내 몸속 세포들의 아우성을 들어 보세요.
아직도 내가 살아가고 있음에,
살려지고 있음에 찡한 눈물 한 방울도 흘려봅니다.

지금 이 순간,
이런 나를 보는 것에 감사합니다.

채우다

자꾸만 바라고
채우기만 하더니
욕심만
점점 더 늘어갑니다.

채운다고 채웠는데,
정말 열심히 살아왔고,
달려왔는데,
여전히 채워야 할 일들은 넘쳐납니다.

채우고 채워서
결국
가득 찼을 때
나는 과연 행복해질 수 있을까요?

지금 여기

지금 여기,
내가 서 있는 이 자리가 어떤지
어떤 모습으로 서 있는지를 보세요.

지금 이대로의 나를
그저 있는 그대로 있을 수 있도록 허락해 줍니다.
나는 지금 이렇게 그저 있습니다.
여기에는 그 어떤 문제도 없습니다.

나의 부족한 모습?
그것 또한 나의 있는 그대로입니다.
못나고 화가 난 나?
그 또한 지금 여기의 나입니다.

지금 내 앞에 닥친
모든 일을 받아들이겠습니다.
정면으로 마주하겠습니다.
두려움 없이… 망설임 없이…

여기서부터 시작하겠습니다.
지금 여기가 희망이고 미래입니다.

나의 모든 좋고 나쁜 모습들을
있는 그대로 인정하고 받아들일 때
나는 비로소
잘해야만 한다는
삶의 무게로부터 자유로워집니다.

인정하고 받아들이면
또 다른 나의 모습도 발견하게 됩니다.

지금 여기에 있는 나를, 또 조금씩 성장하는 자신을
온전히 바라볼 수 있는 자가
진정한 수행자요, 구도자가 아닐까요?

봄

산과 강이 보이는 전망 좋은 곳으로 이사를 왔습니다.
도시 생활이 너무도 답답하고 번잡하여 큰 맘 먹고
시내에서 조금 벗어난 곳으로 이사를 오니 참 좋습니다.
아침을 맞이하는 공기부터가 다릅니다.

사람은 무얼 보면서 사는지가 얼마나 중요한지
새삼 느끼는 요즘입니다.
뒤에는 산이 있고, 앞에는 강이 흐르고
봄이 되면 벚꽃 피고, 진달래 피고
아이와 함께 그 꽃을 보며 산책할 생각을 하니
벌써부터 설레어 옵니다.

작은 시골학교 병설유치원도 참 정겹고 좋습니다.
아이도 좋다고, 먼젓번 유치원보다 훨씬 좋다고 합니다.

영어 학원, 피아노 학원 안 다니면 어떻습니까.
자연을 만끽하며 자랄 우리 아이를 생각하니
이사 오기 참 잘했다는 생각이 듭니다.
올핸 덕분에 자연과 더욱 가까워질 수 있는
행운을 가졌습니다.

봄이 간절히 기다려집니다.
내 영혼에 단비를 내려 줄 찬란한 봄이 오고 있습니다.

낮추기

몸을 낮추어서 바라보면
안 보이던 것들이 보입니다.

자연이든
사람이든

좀 더 겸손한 자세로 바라보면
그들과 가까워집니다.

내가 높다고 느낄 때는
전혀 보이지 않던 많은 것들이
나를 낮추고 보면
창연하게 빛내며 손짓을 합니다.

몸도 낮추고,
마음도 낮추면,
내 곁에
부처님이 나란히 함께합니다.

몸을 낮추어 바라보는 세상!
더 자세히, 더 크게, 더 가까이
바라볼 수 있어요.

참회

같은 일로 거듭 참회한다면
진정한 참회를 한 것이 아닙니다.

참으로 참회를 하였다면
그것으로 이미 참회가 끝났음을
온전히 받아들여야 합니다.

부처님께서 용서를 해주셨을까?
안 해주셨을까?
용서는 부처님께서 해주시는 것이 아니라,
내 쪽에서 일어나는 것입니다.

참회는
부처님께서 판결해 주시는 것이 아니라
내 마음을 청정히 비우는 수행이고 마음공부입니다.

참회의 절을 올리며
내 마음 위로하고자 부처님께 응석을 부리듯
용서를 구한 것 같아서 부끄럽습니다.

길눈이 어두워요

살아서든 죽어서든
헤매지 않고 잘 갈 수 있도록
빛을 비추는 일은
스스로가 해야 할 일입니다.

자신이 빛이 되고
의지가 될 수 있는
힘을 기르는 일.

내면에 빛을 수놓는 걸
게을리하지 말아야 합니다.

사실 참된 광명의 빛은
이미 우리 안에 환히 밝혀져 있다고 합니다.
다만 우리 스스로 눈을 감고 있을 뿐.

부처님께 의지하고,
내면의 참 빛에 의지하여,
그 빛이 온전히 비추어질 수 있기를
발원합니다.

헤매면 헤매는 대로
어두우면 어두운 대로
제 갈 길임을 알고 두려움 없이,
물러섬 없이 걸어가는 법을
부처님으로부터 배웁니다.

난 바보야

살아가면서 제일 부정하고 싶고,
인정하고 싶지 않은 순간이 언제일까요?
자신의 못난 모습을 볼 때가 아닐까 합니다.

그 모습을 보고 실망하고, 부정하고 싶어도,
어쩔 수 없음을 알게 될 때,
그 순간은 너무 비참하고 괴롭습니다.

잘난 줄 알고, 자신만 믿고 살아왔는데
그 믿고 살아온 것들이 아무것도 아니라는 사실을 깨달을 때,
어쩌면 우린 길을 잃고 어디로 가야 할지, 무엇을 해야 할지,
아무것도 할 수 없는 순간을 맞이하게 될지도 모릅니다.

지금까지 살아오게 한 많은 것들이 사실은 믿을 게 못되고
의지할 게 하나도 없다는 사실을 알게 된다면
깊어지는 절망감에 몸서리치게 될 것입니다.

그런데 참으로 다행인 것은
그런 자신을 볼 줄 안다는 것입니다.

'난 바보야.'
웃으면서 인정하고 받아들이는
내공이 점점 쌓이게 되겠지요.
그러면서 점점 살아가는 방법과
살아가야 하는 이유를 발견하게 될 것입니다.

괴로울 때는 그저 있는 그대로의 괴로움과 직면합니다.
괴로운 나 자신을 거부하지 않고
생생하게 괴롭다고 솔직하게 인정합니다.
인정하고 나면 '휴', 하는 한숨이 '하하', 하는 깨달음으로 바뀝니다.

비추어 보기

내 모습
거울 보듯 비춰 보세요.
어떠한가요….

초라해 보이고
못나 보이고
불행해 보이고
모자라 보이고.

멋진 나는 어디로 간 걸까요.
내가 원하는 모습은 어디에 있는 걸까요.

틈틈이
잘하고 있나
잘 가고 있나
점검해 보세요.

설렘

걱정하면 지는 거고
설레면 이기는 겁니다.
다가오는 미래
설렘으로 준비합시다.

설레고
기쁘고
즐겁고
열정이 시키는 대로,
가슴 뛰는 삶을 살아 보세요.

머리로
근심 걱정하기보다는
가슴으로
두근거리고
행복해 하고
설레는 마음으로
마음껏 누려 보는 것이지요.

의미 있는 일

누구나 꿀 수 없는 꿈.

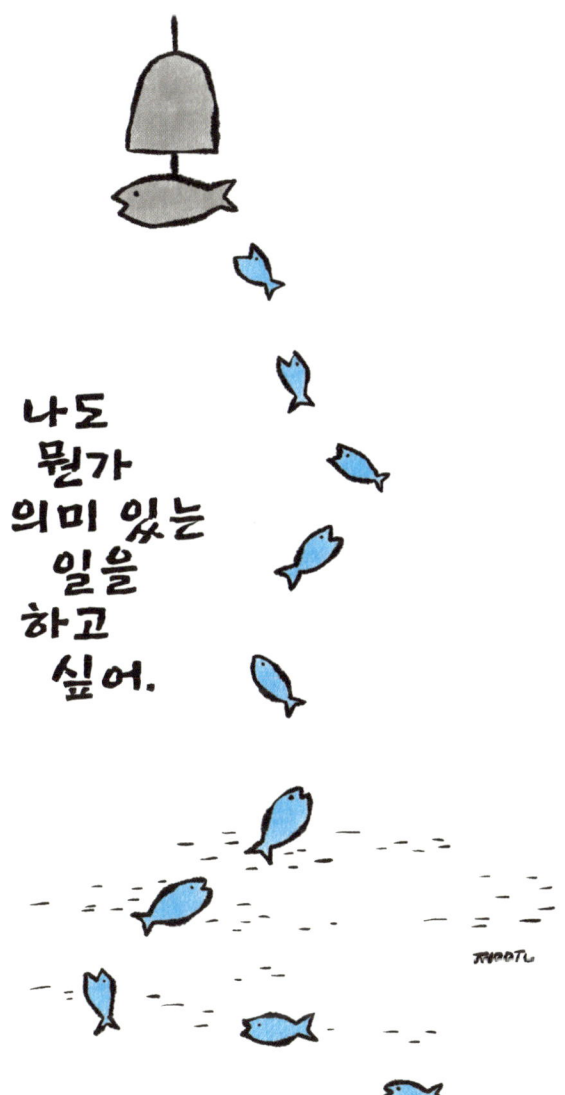

잡지 않는다

"나는 개미를 멍하니 바라볼 뿐
잡지는 않는다.
흙만 만질 뿐 잡지는 않는다."

현규의 예쁜 마음
우리 함께 배워 보아요.

현규 마음 부처님 마음.

잡지 않는다.

나는 개미를 멍하니 바라볼 뿐
잡지는 않는다.
흙만 만질 뿐 잡지는 않는다.

─박현규

초등 1학년 아이의 글입니다.
아무렇지 않게 생명을 죽이는
이들에게 알려주고 싶어요.
이 아이의 예쁜 마음을...

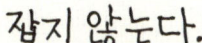

부처님이 가신 길

종교는
진리를 찾아가는 길입니다.

누구나 저마다
다른 길을 갈 수 있지만
내가 선택한 길은
부처님이 가신 길.

부처님의 길,
나 또한 그 길을 따라 걷습니다.

그러다 보면
같은 길 위에서
님을 만나게 되겠지요.

명상

그림 그리는 일이
저에게는 하나의 명상입니다.

그림에 온전히 몰입해 있을 때
아무런 생각도 없고,
그저 그림 하나만이
저절로 그려지고 있을 뿐!

때로는 그림을 그리고 나서
'내가 그린 그림이 맞나?'
느껴질 때도 있습니다.

그림 삼매에 빠져 있을 때
내가 사라지는 것인가 봅니다.

그저 무언가가
이 몸을 통해, 이 손을 통해
저절로 그려지는 것 같은….

내가 좋아하는 그림을
그릴 수 있는 시간이 감사합니다.

이렇게 자기가 처한 일을
한마음으로 오롯이 해나가는 것,
그것이 바로 명상이 아닐까요?

매 순간 순간이 명상의 시간이 되시기를….

내가 배우고 싶은 법

고통과 인내의 시간에도
기쁨과 행복이 함께하는 시간에도
채워지지 않는 욕심에 허덕일 때에도
느슨하게 자만심에 빠져 있을 때에도

매 순간 순간
나를 지탱해 주는 건 부처님 법.

마음 돌리는 법을 배우고
마음 쓰는 법을 배우고
사랑하는 법을 배우고
놓아주는 법을 배우고….

내가 배우고 싶은 법

슬퍼도 웃을 수 있는 법
아파도 참을 수 있는 법
힘들어도 가벼울 수 있는 법
미워도 사랑할 수 있는 법
가난해도 부자일 수 있는 법
원하면 가질 수 있는 법
……
이 모든 법을 알게 해주는
부처님 법.

살아가는 법을
알게 해주는 부처님 법.

조금씩 조금씩 배워 가고
깨달아 가는 법을 알게 해준
부처님 법을 만난 건
정말로 큰 행운이고 감사한 일입니다.

힘겹게 줄타기하는 일상 속에서
어디로 갈지 몰라 헤매는 선택의 순간에도
마음 단단히 부여잡을 수 있는 법을 안다면
세상살이 조금은 덜 두렵지 않을까요.

마음 열기

겨우내 기다리던 봄이 왔습니다.
소곤소곤 속삭이듯이 부드럽게
사랑하는 연인처럼 설렘으로
살며시 내 곁에 왔습니다.

이 봄을 충분히 느낄 수 있도록
마음 활짝 열어 놓겠습니다.

물고기를 잡으려면

물고기를 잡으려면 강가에 가야 합니다.

도를 이루려면 무엇인가
그걸 이룰 수 있는 행동을 해야 합니다.

공부를 잘하려면 공부를 해야 하고
화가가 되려면 많은 그림을 그려 봐야 합니다.

지금 무언가 간절히 원한다면
무엇을 해야 할지 그저 생각나는 대로
실행에 옮겨 저질러 보세요.

내 욕망이 원하는 대로,
하고 싶은 대로만 하는 것보다
때로는 그 욕망을 내려놓고
내가 걸려 있고 묶여 있는 것을
극복해야 할 수도 있습니다.

절하는 것, 명상하는 것만 수행이 아니라,
삶 그 자체가 수행입니다.

사유하기

놓아라.
- 핸드폰을

구하라.
- 도를

행하라.
- 선을

제발 핸드폰 그만하고
사유하고 명상하라.

기쁨의 꽃

집 앞에 벚꽃이 활짝 피었습니다.
따스한 봄날 아이와 함께 걸으며
추억을 만들어 보았습니다.

지금 이 밤에 내리는 비 때문에
꽃잎들이 떨어질까 봐 걱정이지만
그 또한 시절인연일 뿐,
적당히 내려 주는 비가 고맙습니다.

측은지심

누가 그럽니다.
그 사람의 뒷모습이 보이면
진정 그 사람을 사랑하는 거라고….

누군가의 뒷모습을 보며
가슴이 울컥거림을 경험한 적이 있으신가요.

그 순간, 진정한 사랑이 시작됩니다.

파장

우리의 감정은 전염성이 아주 강합니다.
만나면 즐겁고 힘이 생기는 사람이 있는가 하면
좋던 기분도 나빠지게 하는 사람이 있습니다.

나는 어떤 사람일까요.
투정부리고 의욕 없고 기운 빠지게 하는
사람은 아니었을까요?

지금까지의 수많은 마음과 행동의 결과로
지금 여기에 서 있는 것입니다.
지금의 내 모습이 맘에 들지 않는다면
조금씩이라도 바꿔 보는 게 어떨까요.

더 많이 웃고, 더 많이 이해하고, 더 많이 사랑한다면
자연스럽게 그 마음은 전해질 것입니다.

웃음꽃

까르르
하하하
호호호
해해해
푸하하
깔깔깔
껄껄껄

…

웃음꽃이 활짝 피었습니다.

희망의 등

세월호 사건으로
수많은 생명들이 사라졌습니다.

온 나라가 깊은 슬픔에 빠져 있습니다.
허무하고 안타깝고 억울하고 서럽고
이루 말할 수 없는 절망감에 울고 있습니다.

다시 돌아올 수 없는 먼 길을 간 이들에게
해줄 수 있는 게 별로 없습니다.
부디 먼 길 후회 없이 미련 없이 가시라고
간절하게 빌어 봅니다.

잊지 않겠다고,
잘 가시라고.

또 남은 이들을 위하여
등불 하나 올립니다.

깊은 절망과 탄식 속에
울고 있는 많은 이들을 위한
희망의 등을, 자비의 등을
환하게 밝힙니다.
오늘 밝힌 이 등불의 의미
소중히 간직하고
결코 잊지 않겠습니다.

분별

나는 이런 사람이야.
나는 이런 걸 좋아해.
저런 건 나의 취향이 아니지.
저건 나에게 어울리지 않아.
저 사람은 나와는 맞지 않아.

내 자식인데
내 남편인데
내 부모인데
내 친구인데
내 집인데
내 돈인데

내 스스로 정한 가치는 참 부질없습니다.

진정 나에게로 가는 길은
이 쓸데없는 의미를 부여하는 일로부터
자유로워지는 것입니다.

도

도(道)를 구하는 것은

마음을 수양하는 길
자기를 극복하는 길
자기를 실현하는 길
자기를 완성하는 길.

부디

갑작스런 교통사고로 지난 토요일 새벽
아버님께서 아주 먼 길을 가셨습니다.
이리 황망하게 아버님을 보내드릴 수밖에 없는
자식들은 그저 죄인입니다.

이제 먼저 보내드려야 할 분들이 많을 텐데 걱정입니다.
더 잘해야 되는데, 잘해야 되는데, 잘해야 되는데….
생각은 그렇지만 마음이란 놈은 자꾸 잊어버립니다.
순간순간 나만을 먼저 생각합니다.

내 앞에
이렇게 살아 계실 때,
나 또한
이렇게 살아 있을 때,
마음껏 사랑하고 사랑해야겠습니다.

언젠가 내 눈앞에서 사라질 때
후회가 남지 않을 수 있도록.

수용서 감사랑

아이와 함께하는 일상 속에서
수없이 되새기는 말….

수용, 용서
수용, 용서
수용, 용서
수용, 용서
수용, 용서
수용, 용서….

감사, 사랑
감사, 사랑
감사, 사랑
감사, 사랑
감사, 사랑
감사, 사랑….

온몸에 전해지는 따스한 에너지로
하루를 마감합니다.
매일 그랬으면 좋겠습니다.

지금 이대로의 모든 것을 온전히 수용합니다.
나와 당신의 그 어떤 잘못도 용서합니다.
주어진 이 눈부신 것들에 깊이 감사합니다.
당신과 나 자신을 있는 그대로 사랑합니다.

든든한 부처님

"심무가애(心無罣碍) 무가애고(無罣碍故)
무유공포(無有恐怖) 원리전도몽상(遠離顚倒夢想)"

처음으로 불교 공부에 재미를 붙이던 시절에
늘 가슴속에 간직하던 이 반야심경 글귀는
내게 많은 힘이 되어 주었고
든든한 빽처럼 나를 지켜 주었습니다.

낯선 곳에 가는 것도
낯선 사람들과의 만남도 두렵지 않았습니다.

그런데 요즘은 점점 두려움이 많아집니다.
가진 게 많을수록 잃을 것도 많고
한 살 한 살 나이 들어가니 책임져야 할 것도,
가져야 할 것도 늘어납니다.

많은 이들과의 관계도 어렵고 복잡합니다.

마음에 걸림이 많으니
한 발 한 발이 걸림돌이요 가시밭길입니다.

정신 차리지 않으면 넘어지고 깨지고 아픕니다.
내 눈과 마음이 집착과 욕심으로 멀지 않게 잘 살펴야겠습니다.

부처님, 잘하고 있나 언제나 지켜봐 주세요.

부처님에게로 가는 길

부처님 법을 만난 걸 후회한 적은 없습니다.
쉬운 길도 있는데 어려운 길을 굳이 찾아가는 것도 아닙니다.

밖에 있는 자극적인 것에 마음을 빼앗기는 것보다는
내 안을 들여다보는 일이 더 즐거웠고
나만을 위해서 사는 것보다는 자비라는 말에 끌려
다른 이를 위하는 모습으로 살아가고 싶었습니다.

욕심을 채우기보다는 비우는 법을 배우고
채워지지 않는 욕망의 근원이 어딘지 궁금했고
수많은 번뇌와 삶의 무게를 조금 가볍게 하고 싶었고
언제 다시 올지 모를 이 생을 좀 더 의미 있게 살고 싶었습니다.

그래서 내가 선택한 길.
부처님이 가신 길.

그 법을 배우고 실천하고 나누는 일이
삶의 기쁨이고 위안이고 힘이었기에.

부처님에게로 가는 길
기쁨의 길… 지혜의 길… 진리의 길…

아는 체하지 말기

당해 봐야 압니다.

내게 닥쳐 봐야
그 상황을, 그 심정을 비로소 알 수 있습니다.

내가 경험하지 못한 것들
생각하지 못한 것들에 대해서
함부로 안다고 말하지 마세요.

아는 체도 말고
내가 느끼고 경험했던 것들만
바로 이야기하세요.

부질없는 일

내가 할 수 없는 일에 매달리지 마세요.

다른 사람의 말이나 행동, 마음은
내 맘대로 되어 주지 않습니다.

내가

아이에게 화내고 있는
자신의 모습을 바라보세요.

아이가 보는 엄마의 모습은
얼마나 무서울까요.

호랑이보다
괴물보다
더 무서운 엄마라 생각할 거예요.

그 순간 아이는
철저히 혼자라는 외로움과
아무도 자신을 구해 줄 수 없다는 공포감에
너무 두려울 거예요.

그런 순간들이 쌓이면
아이는 어떤 사람이 되어 있을까요.

약속

오늘부터 수행해야지.
오늘부터 운동해야지.
오늘부터 열심히 일해야지.

수많은 자신과의 약속이
부처님과 한 약속이라면
쉽게 깨지는 못할 텐데요.

내 안의 부처님,
주인공이 바라보고 있습니다.

자신과의 약속도 잘 지키는
수행자이기를 바랍니다.

법륜

동글동글 동그래서 잘도 굴러갑니다.
누구나 쉬워서 잘 굴릴 수 있습니다.

세상에 널려 있는 법을
알아차리고 주워 담아서 나누어 주면 됩니다.

자신이 잘할 수 있는 방법으로 하면 됩니다.
법륜을 굴리겠다 서원하면
저절로 저절로
잘도 굴러갈 것입니다.

그럼 세상살이도 좀 더 둥그렇게
잘 굴러갈 것입니다.

괜찮아

부처님 마음 되어 위로해 주기.
괜찮아…, 괜찮아….

스스로에게 주문 걸기.
괜찮아…, 괜찮아….

나는 지금 이대로
괜찮습니다.

괜찮지 않다는 생각만 없다면
모든 것은 다 괜찮습니다.

사고를 좀 치면 어떻습니까?
잘못을 좀 하면 어때요?
실패도 할 수 있는 거지요.

그러면서 성장하고
배우는 것이니,
모든 것은 다 괜찮습니다.

지금 이대로의 존재 그 자체만으로도
우리는 이미 완전한 부처이기 때문입니다.

지금 이렇게 나로써 있는 이대로
다 괜찮습니다.

보름달

둥근 보름달을 보며
소원을 빌어 봅니다.

건강하게 해달라고
돈 많이 벌게 해달라고
시험에 합격하게 해달라고
기도하는 마음은
어느 때보다도 청정합니다.

수많은 것을 빌지만,
과도하게 집착하지만 않는다면,
결과에 너무 심하게 묶여 있지만 않는다면,
빌어도 빈 것이 아닙니다.

희망하고 발원하고
원하고 빌지만,
해도 한 바가 없이 한다면,
흔적없이 한다면
기도하는 마음이 청정해집니다.

그 청정함 마음 잊지 않고
분별없이 원하고,
사랑하며 살아가겠습니다.

뭐가 보이니

아는 만큼 보이고,
느끼는 대로 보이고,
생각하는 대로 보이고,
보고 싶은 대로 보입니다.

딱 그만큼의 세상에 우리는 살고 있습니다.

어떻게 보실 건가요?

말

사랑해, 좋아해, 미안해, 괜찮아, 고마워….
아름다운 말, 좋은 말, 친절한 말만 해도
할 말이 얼마나 많은데요….

화내고 성내고 시기하고 짜증내는 말들로
나를 표현할 수밖에 없을까요?

그 말들은 독이 되어서 상대방에게 그대로 전해집니다.

쓸데없는 말 하지 않기
아픈 말 하지 않기
아는 척 하지 않기
충고하지 않기
남의 흉 보지 않기

말을 많이 하기보다는 침묵하기.

내뱉은 말은 다시는 주워 담을 수 없습니다.

휴식

휴가철이라 고속도로는 막히고
출국하는 이들로 공항은 북새통을 이룹니다.
우리 집은 고요하기만 합니다.
적적하지만 이 쉼이 좋습니다.

꼭 어디를 가야 하고 뭔가를 해야지만
휴가는 아닌 것 같아요.

자신을 마주할 수 있는 곳이면
어디든 좋을 것 같습니다.

정성 다하기

정성을 다하겠습니다.

그 말엔 부끄러움이 없습니다.
누구보다도 자신이 정성을 다했는지
잘 알고 있기 때문입니다.

후회도 없습니다.
결과가 좋지 않아도 정성을 다했기에
후회는 없습니다.

두려움도 없습니다.
기도하는 마음으로 하기에
살얼음판이라도 두렵지 않습니다.

정성을 다한다는 건
살아가는 방법이고 기도입니다.

익숙함

익숙함에 속지 마세요.

익숙한 사람
익숙한 환경
익숙한 일
익숙한 말

좀 더
세심하게
단단하게
중심잡고
바로 알아차리기.

익숙한 공간, 일, 사람들…
익숙한 것들이라고
무심히 지나치지는 않으셨는지요.

좀 더 자세히, 좀 더 세심하게
바라봐 주세요.

구나, 겠지, 감사

'힘들어 죽겠다' 보다는 '힘들구나'
'더워 죽겠다' 보다는 '덥구나'
'배고파 죽겠다' 보다는 '배고프구나'
'보고 싶어 죽겠다' 보다는 '보고 싶구나'

힘이 드니 좀 '쉬어야겠다'
더우니 에어컨을 '틀어야겠다'
배고프니 밥을 '먹어야겠다'
보고 싶으니 '보러 가야겠다'

쉴 수 있어서
시원해서
뭐라도 먹을 수 있어서
볼 수 있어서

참으로 감사한 일입니다.

행복 바이러스

메르스, 독감, 수족구, 결핵처럼
수많은 전염병은 무서워하면서
내 기분이 전염병처럼 퍼져 나가는 것은
두렵지 않은가 봅니다.

사소한 말 한마디에도
좋은 마음으로, 좋은 기분 전할 수 있도록
노력해 봅니다.

집착

드라마 속 주인공들은
사랑, 돈, 명예, 복수에 집착합니다.

과도한 설정과 사건사고들이 난무하는 가운데
저 집착을 놓기만 하면 되는데
왜 힘들게 붙잡고 있는지
때로는 안타깝게 느껴지기도 합니다.

어떻게 될지 빤히 보이는 드라마 속 이야기는
현실과 그리 멀지 않을 텐데
내가 주인공인 이야기는 왜 이토록
어렵고 힘들기만 할까요.

뭘 그리 놓아 버리지 못하고 부여잡고 있길래
이리 마음이 불편하고, 사는 게 버거울까요.

나는 초심자입니다

늘 초심자이고 싶습니다.

법문 하나하나 들으면서 환희심에 즐거워하던
그때이고 싶습니다.

마음 가득 담아 부처님 전에
삼배 하던 그 초심자이고 싶습니다.

염주를 손에 꼭 쥐고 관세음보살 나무아미타불
염불하며 잠들던 그 초심자이고 싶습니다.

도반들과 법에 관한 이야기 나누며
밤새 차를 마셔도 졸리지 않던 그 초심자이고 싶습니다.

끊임없이 궁금해 하며 공부하고 질문하던
아무것도 모르던 그 초심자이고 싶습니다.

신심 가득 피어나는 보리심으로
행복했던 그 초심자이고 싶습니다.

길

요즘 저의 화두는 길입니다.

갈 길 잘 가고 있는 건지
여기서 뭐하고 있는 건지
끌리는 데로 가곤 있는데
그 끝은 어디일지….

어디로 가야 할까요.

아무리 생각해 봐도
알 수가 없습니다.

생각하지 않고,
분별하지 않고,
그저 모르면 모르는 대로
'모를 뿐' 하고
질문을 내면으로 던져 놓습니다.

길을 걸으며
길을 묻곤 하지만,
여전히 알 수 없습니다.

알 수 없는 마음이 곧 화두이고 선이라는
숭산 큰스님의 말씀이 큰 위로가 되네요.

지금 깨어 있기

지난날을 후회하고
막연한 미래를 꿈꾸기보다는
지금 이 순간에 깨어 있기.

지나온 시간은
지나온 대로
그냥 내버려 두세요.

그건 그저 지나간 기억의 흔적일 뿐입니다.
후회할 때만
지나온 사건들이
다시금 진짜처럼 되살아날 뿐이지요.

지나간 모든 것들은
그것대로
아름다웠노라고
그렇게 인정해 주고
지나가 주는 것입니다.

아직 오지 않은 미래 또한
머릿속에서 만들어 낸 환영일 뿐입니다.

오지 않은 미래는
오지 않은 대로
그저 내버려 두세요.

지나온 때도 없고,
지나갈 때도 없고,
그저 지금 이렇게 지나치고 있는 중!
그렇게 매 순간 변화해 가고 있는 중입니다.

지금 이 순간
그저 여기에서 깨어 있기.

법의 주머니

수행한다고 스스로의 만족감에 자만하지는 않았는지
다른 이들에게 깨달음을 나누었는지
재물이고 마음이고 나만을 위하여 써 오지는 않았는지….

법은 나누어 주는 거랍니다.

퍼 줘도 퍼 줘도 줄지 않는 법을 나눌 수 있도록
큰 주머니 단단히 챙기려 합니다.

성장

꽃씨를 뿌리고
물을 주고
잘 자라나 지켜봐 주고….

수행도
조금씩 조금씩
지혜가 생기고 성숙해져 가는
자신의 모습을 바라보는 것입니다.

좋은 사람

난 좋은 사람이 아니었구나….
이런 생각이 드는 순간
간절히 좋은 사람이 되기를 꿈꿉니다.

좋은 엄마
좋은 아내
좋은 딸
좋은 친구
좋은 사업가
좋은 작가가 되어야지.

좀 더 마음을 열고
나보다 남을 먼저 생각하고
정성을 더한다면
지금보다는 좀 더 좋은 사람이 될 것 같습니다.

수행의 때

불교 책을 읽거나 경전을 읽고 있으면
마음도 몸도 정화되는 기분이 듭니다.
이 좋은 걸 왜 매일 읽지 않았는가.

모르고 있다가 비로소 만나야만
그 존재를 인식할 수 있는 것처럼
오랜만에 접하면
그동안 얼마나 게을렀는지
알 수 있습니다.

알고 있는 내용이더라도 다시 읽으면
또 다른 깨달음을 만납니다.

때가 낀 스스로를 점검하고
때를 깨끗이 닦고 청소하고
쉼 없이 자신을 돌아보는
나는 부지런한 수행자입니다.

글을 읽지 않은 것 입의 때요
 부지런하지 않는 것 집의 때며
장엄하지 않은 것 얼굴의 때요
 방일하는 것 일의 때이니라.
베풀지 않는 것 보시 때요
 선하지 않은 것은 행의 때이며
이승이나 또는 저승의
 나쁜 법은 언제나 때가 되느니.
　　　　　　—법구경

때를 닦자 … 때를 닦자 …

당신은 나의 부처님입니다

아이가 기분 좋아 할 때에는
말 한 마디, 걸음걸이가 다릅니다.

폴랑폴랑 나풀나풀 움직이는
아이의 모습은 너무 사랑스럽습니다.

아이는 모를 거예요.
자신의 기분을 감출 수 없다는 것을
엄마는 빤히 다 안다는 것을요.

엄마는 모른 척하고 뒤로 미소 짓습니다.

울 부처님이 좋아하니
저도 행복합니다.

마음속에 뭘 키울까

잘하고자 하는 마음의 무게는
태산처럼 무겁기만 합니다.

그 무게가 너무 버거워
아무것도 할 수 없는
무기력감을 만듭니다.

잘하고자 하는 마음이 욕심인 줄 알고
한 걸음씩 내가 할 수 있는 것부터
해나가야겠습니다.

가쁜 숨 몰아쉬지 않고
천천히 숨 고르며 긴장을 풀고
지금 내가 할 수 있는 것부터 시작하겠습니다.

내가 가지고 있는 것
내가 할 수 있는 것을 살펴서
잘 키워 내겠습니다.

고요한 마음

하루를 마무리하는 명상의 시간
가지런히 마음을 정돈해 봅니다.

생각 없이 내뱉은 말들과
만나는 이들과 나누었던 감정들
속절없이 흘려보낸 시간이
후회와 미련으로 남기도 합니다.

하지만 지금 그 수많은 후회의 조각들을
일일이 퍼즐 맞추듯이 맞출 필요는 없습니다.

그냥 일렁이는 것들이 흩어지는 걸
바라볼 수 있으니까 괜찮습니다.

햇살 맞이하기

유난히 장마도 길고 무더운 여름이
이어지고 있습니다.

며칠 동안 잔뜩 흐리고 습하더니만
오늘은 바람도 선선하고 햇빛도 쨍합니다.

아침 일찍 미뤄 둔 빨래를 해서 널어놓고
뽀송뽀송 말라 가는 모습을 보니 참 좋습니다.

선물 같은 날씨 덕분에 맘이 설렙니다.

바람에 흔들리는 나무들이
사라락거리는 소리도 들리고

소리치며 노는 아이들 소리
지저귀는 새소리
지나가는 차 소리까지
청명하고 아름답게 들리는 날입니다.

허용하라

한 생각이 불쑥불쑥 올라옵니다.

그 상황을 만들지 말았어야 했는데
후회와 미련이 자신을 괴롭힙니다.

그렇게 만든 자신에 대한 원망과 자책
남들에게 어떻게 보여질지 모른다는 불안감.
더 잘나지 못한 부끄러움과
그들에게 외면당할 듯한 두려움.

괜찮다고, 괜찮다고,
살아가는 방법은 다 다르다고 스스로를 위로해 봅니다.

욕심입니다.
부질없는 욕심입니다.

욕심인 줄 알면서 부여잡고 있는
어리석음을 치유할 수 있는
약을 찾아봐야겠습니다.

만족

로컬 푸드 매장에서 신선한 과일과
야채를 잔뜩 사 가지고 왔습니다.
아이가 맛있게 먹을 생각을 하니
먹지 않아도 배부르고 뿌듯합니다.

바라보기

상대를 가만히 바라봅니다.

어디가 아픈지
무얼 원하는지
무슨 말을 하는지
가만히 봅니다.

바라보고 있노라면
결코 나와 네가 둘이 아님을,
긴밀한 관계 속에서
자리하고 있음을 알게 됩니다.

울음꽃

여자는 아프지 않으려면
6분 정도는 충분히 울어줘야 한답니다.

어디 여자뿐이겠습니까.
남자들도 아이들도 어른들도
맘껏 울 수 있게 스스로를 살짝
놓아주었으면 좋겠습니다.

공든 탑이 무너지랴

별거 아닌 작은 일이라 무시하고
큰일이라 중히 여기며 차이를 둡니다.

사실 사소하다고 대충 넘어가다가
큰일을 그르치는 경우를 보게 됩니다.

작은 일이라 여긴 게 큰일이 되어 버리고
큰일이라 여긴 게 별것 아닌 일이 될 수도 있거든요.

큰일, 작은 일을 구분하지 말고
작은 일일지라도 결코 사소하지 않게
바라보고 알아차려야 합니다.

작은 구멍이 점점 커져
나중에는 큰 구멍이 되는 것처럼요.

무언가를 단정짓지 말자

누가 그럽니다.
사는 게 뭐 별거냐고.

먹고 싶은 거 먹고
가고 싶은 데 가고
만나고 싶은 사람 만나고
그 이상을 바라는 게 욕심이라고….

이리 사는 것도 참으로 어려운 일임을 알기에
배부른 소리 같아 쓴웃음이 나옵니다.

좋아하는 일만 하고 싶고
좋아하는 사람만 만나고 싶고
좋아하는 음식만 먹고 싶고

그럴수록 하기 싫은 일과
만나기 싫은 사람과
먹기 싫은 음식이 늘어납니다.

싫고 좋음에 차별을 두는 한
내 몸과 마음은 계속 충돌할 것입니다.

내게 평화를 주는 건 어려운 일일까요?
좀 더 지혜로워져야 합니다.

수행도 셀프

요즘은 음식점에서도 자동 주문 시스템을
사용하는 일이 많아지고 있습니다.

메뉴도 화면을 통해서 선택하고 결제하고
물도 반찬도 음식들도 모두 스스로 가져오고
가져다주고 해야지만 밥을 먹을 수 있습니다.

편리한 듯하지만
스스로 해야 할 일들이 늘어나고 있으니
누구를 위한 편리함인지는 잘 모르겠습니다.

미래에는 인공 지능이 인간을 대신하고,
많은 영역에서 우리 자리를 넘본다고 하는데
충분히 그 혜택을 누리며 행복하게
살고 있을지는 의문입니다.

어쩌면 수행을 해주는 인공 지능이 나올지도 모르겠습니다만
그것 또한 누구를 위한 것인지는 잘 모르겠습니다.

아마도 내 것은 될 수 없을 것 같습니다.
내 배가 부르고 내가 느끼고 내가 아프고
내가 경험해야지만 내 것이 되니까요.

수행은 무조건 셀프입니다.
깨달음은 누구도 대신해 줄 수 없으니까요.

소중한 인연

지친 하루를 마감하고 자리에 누우면
포근한 이불의 감촉과 따스한 온기로
얼어붙은 마음이 스르르 녹아 버립니다.

성내며 정신없이 보냈던 하루가
참으로 덧없게 느껴지는 순간입니다.

눈을 감고 큰 숨을 내쉬며
오늘도 잘 살아 내었구나,
미소 한번 지어봅니다.

미소 지으면 어려운 일은 조금은 쉬운 일이 되고
좋은 일은 더 많이 일어날 것 같다는 생각이 듭니다.

이런 마음 가질 수 있는 건
늘 다독여 주고 격려해 주고 곁에서 지켜봐 주시는
부처님이 계시기에 가능한 일입니다.

이 인연 더없이 소중하고 감사할 따름입니다.

자연스러워라

더위는 물러가고 찬바람은 불고,
어느새 가을입니다.

변할 것들은 변화하고
지나갈 것들은 지나가고
다가올 것들은 어김없이 다가옵니다.

그 자연스러운 이치를 거스르는 건
어리석은 인간들뿐입니다.

알아차릴 뿐

아이가 이유 없이 짜증내고 투정부릴 때
엄마가 먼저 그러고 있지 않았는지 돌아보세요.
성내고 짜증내고 있는 자신을 볼 수 있을 겁니다.

모든 것은 나로부터 나아가
나에게로 돌아옵니다.

성내기 전에 알아차려 보세요.
마음을 비우기보다는
알아차림으로 채워 보세요.

법은 보려고 하는 자에게만 보입니다.
인내와 지구력을 가지고 법을 보는
힘을 기르는 게 수행입니다.

뭐가 옳은지 그른지
판단하기 위한 수행이 아니라
알아차릴 뿐.

산책길

여기저기 발밑에 차이는 낙엽들을 보니
갖가지 상념들이 떠오릅니다.

아름다운 낙엽 속에서
눈물을 보고
한숨을 보고
아픔을 보고
또 새로운 희망을 봅니다.

부질없는 욕심을 버리자.
부여잡고 있는 욕심을 놓아 버리자.
편히 숨쉬자.

다시 정진

잘하려고만 하며 살아왔습니다.
하지만 잘 안 된다는 것을 아는 것이 수행입니다.

모든 것을 다 알고 싶었습니다.
하지만 다 알 수 없다는 것을 아는 것이 수행입니다.

열심히 하려고만 애쓰며 살아왔습니다.
하지만 열심히 하는 것이 아님을 아는 것이 수행입니다.

그냥 순응하며
다시 정진합니다.

거침없는 정진

보리심이란
이 세상의 실상을 확인하고
어떤 선택이 행복을 담보하는 길인지
알고 싶어 하는 격렬한 소원입니다.

이렇게 진실을 알고 싶다는 뜨거운 소망을
일으키는 것이 수행의 출발점입니다.

뜨거운 소망 안고 지금 출발합니다.

따스한 손

비가 온다고 합니다.
아침에 찬란하던 햇살도 사그라져 스산함이 감돕니다.
날이 추워지고 있습니다.

추운 날….
따스함이 더없이 그리워집니다.

몸이 추울 때
간절히 옷이 필요한 것처럼,
마음이 추위에 떨 때
우리의 따뜻한 관심과 사랑이
그의 언 마음을 녹여 줍니다.

108배 정진

기도한다고
수행한다고
매일 하는 108배.

언제부터인가 점점 의무감에
숙제를 해내듯이 절을 하는 모습을 봅니다.

지금 하는 절이
생애 마지막 108배라면 어떨까요.

집착과 욕심 없이 정진하겠습니다.

늦어도 괜찮아

언젠가 좋아지겠지.
춥고 긴 어둠의 터널 지나고 나면
환한 햇살이 맞이하여 주겠지.

너무나 길고 더디게만 흐르는 시간 속에서
한줄기 희망을 품고 겨우겨우 살아가는 삶.

조금씩 조금씩 나아지고 있다고 위로하며
따스한 봄날이 오기만을 간절히 기다립니다.

아름답게 빛나는 다른 이들을 보며
나는 왜 저러지 못할까 슬퍼도 하면서
꽃이 피기만을 기다립니다.

괜찮아.
늦어도 괜찮아.
언젠가 꽃 피울 테니까.

아름다운 꽃으로 피어날 테니까요.

부처님 사랑

차별하지 않는 것
분별하지 않는 것
있는 그대로 인정하고 존중하는 것

부처님 사랑.

올 것은 오고, 갈 것은 갑니다

견고한 도시 속에서
누군가는 아파하고 슬퍼하고
운명을 달리합니다.

그 속에 내가 있습니다.

누구나 죽지만
아무도 죽지 않는 것처럼
하루가 지나갑니다.

물처럼, 꽃처럼, 하늘처럼

부처님은 우리에게
물 흐르듯이, 꽃 피듯이 살라고 합니다.
네, 그러하겠습니다.

그리고 저 파란 하늘처럼
맑고 투명한 마음으로 살겠습니다.

염두에 두기

잘 풀리지 않는 문제를 지금 당장 해결해 보겠다고
죽도록 매달리는 경우가 있습니다.
얼굴은 붉으락푸르락 거리고 심장은 두근거리고
멈출 줄 모르고 끝을 향해 달려갑니다.

그러면 그럴수록 일은 어째 더 꼬이고 맙니다.

하지만 잠시 멈춰서 한숨 돌리고 나면
미처 보지 못했던 부분들이 보이고
해결의 실마리가 보이기도 합니다.

그제서야 미련하게 붙들고만 있었던 자신의 어리석음을 봅니다.

할 일이 너무 많거나 쉽게 해결되지 않는 일이 있다면
염두만 해두고 잠시 미뤄 두는 것도 해결의 한 방법임을
살아가면서 배웁니다.

준비

행운은 아무에게나 오는 게 아닌가 봅니다.
철저히 준비해서
행운을 맞을 자격이 되는 자에게만 오는 것 같습니다.

사람과의 인연도 그러한 듯합니다.
내가 좋은 사람이 먼저 되어야만
좋은 사람이 눈에 들어오고
그 사람도 나를 좋은 사람이라 봐 줄 것입니다.

일이든, 만남이든, 무엇이든
내가 시작이 되어 흐르지 않으면
언제까지나 제자리입니다.

지금 이 자리에서

진정한 불법(佛法)은 지금 이 자리에서
실천하고 행동하는 것.

모두 부처

내가 부처라고
주위 모든 게 부처라고….

그걸 알아가는 게 이 공부인 듯합니다.

모두 부처이니 나와 모든 것을
자비와 사랑으로 대하고

모든 일이 부처님 일이니
그 하나 소홀히 대할 수 없으며

부처님처럼 살아가고자
노력해야 하는 것.

그게 존재의 이유라는 것.

산하대지가 모두 부처!
부처 아닌 것이 없네.

부처님의 진리 속에

전쟁 같은 세상에서
부처님의 진리를 찾아내는 것은
쉽지 않은 일입니다.

작은 꽃잎에서 그 진리를 발견하고
눈물 짓는 순간이 온다면
법계에선 축하의 세리머니가 펼쳐질 것입니다.

자비와 사랑으로 충만한
부처님의 세상에 살고 있음을
경험한 당신은 축복받은 사람입니다.

모든 이에게 진리의 가르침이
항상 하기를 간절히 기원합니다.

감사합니다

아침에 일어나
밥하고 밥 먹고, 아이 학교 보내고
커피 내려 책상 앞에 앉아서 일을 합니다.

이런 평화로운 일상은 선물과도 같습니다.
일상을 누릴 수 있는 것은 큰 행복입니다.

지금 살아 있음에 감사합니다.

변함없는 정진

새날이 와도
새해가 와도
변함없는 수행정진.

이 길엔 멈춤은 없습니다.

인생에 어찌 봄날만 있겠는가

겨울을 보내고 나야
따스한 봄날이 더없이 감사한 줄 압니다.

뜨거운 여름날을 보내고
선선한 가을바람에 숨통이 트임을 경험하고

어느새 또 찬바람 부는 겨울이 오면
정신도 번쩍 들고 다시 한 번 발걸음을 재촉해 봅니다.

긴 겨울은 더디게만 흐르는 듯하지만
어김없이 봄은 우리를 기다리고 있습니다.

추우면 추운 대로
따스하면 따스한 대로

살려짐에 감사하며
그 의무를 다해야 합니다.

내가 그리는 내 모습

작지만 두려움이 없으며
가난하지만 부족함이 없으며
기쁘지만 들뜨지 아니하며
기도하지만 바라지 아니하며
몸은 바쁘지만 내면은 고요한
그런 자신을 바라 봅니다.

그리하도록
지금 현재 하고 있는 행위 하나하나
거울에 비춰보듯 살피겠습니다.

나는 수행자입니다

어제보단 조금 더 자란 자신의 모습이 기특합니다.

부귀영화를 누리고자 하는 수행이 아니라
이렇게 조금씩 조금씩 성숙해져 가는 모습에
흐뭇해 하며 성실히 걸어가는 것.

그래서 죽는 날
참 잘 살았구나 하고 후회 없이 죽고 싶습니다.

꿈이 참으로 야무지지만
나날이 새로워지는 꽃향기 가득한
수행자이고 싶습니다.

시작이 반

뭔가를 하려는 의도를 가지는 건 칭찬할 일입니다.

생각조차 못하는 무수한 일들 가운데서
하고 싶다는 의도를 가지기까지
수많은 인연이 흘러서 지금 내게 온 것이니까요.

그 소중한 의도를 바탕으로 계획을 세우셨다면
벌써 반은 이루신 거나 마찬가지입니다.

이제 실천하기만 하면 됩니다.
서툴고 두려운 마음이 조금 있을지도 모르지만
실천하다 보면 생각보다 쉬울 수도 있습니다.

망설이는 일이 있다면
지금 바로 실행해 보세요.

마음의 문

블록으로 집을 지으며 노는 아이.
"이건 미키 집이고, 이거는 곰돌이 집이고,
이건 뿡뿡이 집이고…."
혼자 중얼거리며 나름대로의 집을 열심히 짓고 있습니다.

가만히 아이를 바라보다가
"어, 그런데 뿡뿡이는 어떻게 나오지?"

사방을 꽉 메운 블록 집을 보며 내가 물었더니
아이가 대답을 합니다.

"문으로 나오면 되지."

아! 그렇구나.
너무나 당연한 말에 순간 할 말을 잃었습니다.
또 어른의 잣대로 아이의 영역을 침범하려 하였구나.

문을 열어라. 닫혀져 있던 문을 열어 보자.
 문이 있는 것조차 잊어버리며 살진 않았는가.
아니면 닫혀진 다른 쪽 문만 바라보고 있었나!
 열어라, 행복으로 가는 문을!

때론 너무도 쉽고 간단한 방법이 있는데
그걸 찾지 못하고 끙끙대며 답답해 하는 경우가 얼마나 많은가.
나의 어리석음을 아이를 통해서 봅니다.

내 안에 만들어 놓은 수많은 방들 가운데
문을 꽁꽁 걸어 잠근 방이 너무도 많이 있습니다.
자존심의 방, 편견의 방, 불신의 방, 미움의 방, 욕심의 방….
어둡고 어두웠던 마음의 방에
문 활짝 열어 밝은 빛 가득 쬐어 줘야겠습니다.

제법무아

살아가면서 더욱 더 절실히 느끼는 것.
너와 내가 둘이 아니고
모든 관계 속에서 이루어진
하나라는 것.

둘이 하나가 되어
내 몸처럼 서로 사랑하며
주위의 모든 이들에게
모나지 않고 둥글게 대하면서
배려와 친절을 나누는 것,

그것이야말로
본래 내가 없지만
전체가 하나인
제법무아(諸法無我)의 실천이 아닐까요?

내가 없을 때
네가 곧 나이고,
내가 곧 전체가 됩니다.

눈송이가 곧 바다가 되고
바다는 모든 눈송이를 끌어안고
흔적도 없이 본래의 바다가 됩니다.

법비

기도를 마치고
집으로 돌아오는 버스 창 너머로
더이상 팔릴 것 같지 않은
만두와 오뎅이 수북이 쌓인 노점을
멍하니 지키고 있는 노부부의 모습이 보입니다.

삶의 고단함이 그대로 전해지는 그들의 모습을 보니
내 안에 가득한 환희심이 사치처럼 느껴졌습니다.

저들에게 종교란, 부처님이란 무엇일까.
종교보다, 부처님보다, 저 수북한 음식을
다 파는 게 급한 일일지도 모르는데 말입니다.

법비는 세상에 골고루 내린다고 했으니
저들에게는 음식을 사는 손님으로
따스한 말 한마디 건네는 행인으로
내리기를 바라 봅니다.

무한한 가능성

현재가 불안하니
미래 또한 장담할 수 없습니다.
때론 절망적이기까지 한 미래가
오지 말았으면 하는 마음도 생깁니다.

하지만 불완전하기에
무엇이든 될 수 있는 가능성이 있습니다.

불확실한 미래를 거부하지 말고
무한한 가능성에 마음을 열어 놓는다면
미래는 더없이 아름답고 흥미로울 것입니다.

지금 이 순간을 즐겨라

앞으로 일어날 일에
마음을 두지 말아요.

지금 들지 않아도 될 것을
왜 무겁게 들고 있는 걸까요.

지금 이 순간은 가볍게 살자고요.

마음에 붙잡지 말고 지금 이 순간을
많이 느끼고 누리고 만끽하세요.

그래야 풍요로워집니다.

새해

나이가 들수록 심장이 굳어 가는 것 같습니다.
좋아하던 영화를 봐도 재미없고
음악도 시끄럽기만 하고
그림 그리는 것도 시시해져만 갑니다.

이렇게 나이들고 싶지 않은데요….

좀 더 뜨겁게 살고 싶은데
감동도 진하게 하고 싶은데
차가워져 가는 감정이 두렵기만 합니다.

포기하는 게 많아지고
참아야 할 게 많아지고
책임져야 할 게 많아지고
'사는 게 바빠서'라는 핑계를 둘러대지만
펄펄 끓지는 않더라도 따스한 온기는 잃지 말았으면 합니다.

외쳐 본다.
"나는 괜찮아! 한 살 더 먹은 거쯤 두렵지 않아.
두려운 건 무뎌지는 가슴이야.
새해엔 더 뜨거운 가슴으로 살아가자구!"

보름달처럼 큰 사랑

사랑은
생각만으로도 먹먹해지고
애틋하고 아프기도 하며
눈물 나고 벅차오르기도 하고
너무 좋아 미쳐 버릴 것 같고
무거워 놓아 버리고 싶기도 하고….

그럼에도 불구하고
우리는 그 속에 살고 있습니다.
그게 삶의 힘이 되고
목적이 되기도 합니다.

이왕 할 거라면
두려움 없이 크고 더 크게
사랑하시기 바랍니다.

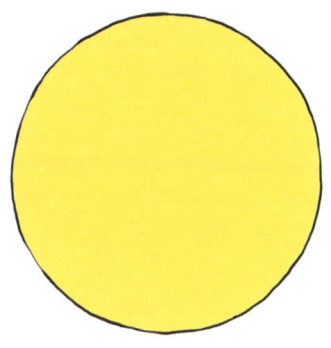

사랑은 감동입니다.
감동은 마음을 움직이게 합니다.
사랑의 힘입니다.
보름달처럼 큰 사랑 나누소서!

겨울나무

생명은 모두가 소중한 것입니다.
풀 한 포기, 나무 한 그루, 벌레 한 마리까지
뭐 하나 중요하지 않은 게 없습니다.
나름대로 살아가는 이유와 방법이 있으며
그 한 생명 지키고자 부단한 노력을 하며
살아가고 있습니다.

모진 바람과 추위에도 그 자리에서 묵묵히
겨울을 나는 나무를 보며 생각합니다.

힘들다고 고통스럽다고
생명을 포기하는 일은 결코 하지 말라고.
좀 더 적극적으로 살고자 노력해 보자고.

함께하는 세상

수행도 혼자보다는 둘이
둘보다는 여럿이 함께한다면
그 효과는 배가 됩니다.

여러 명이 함께 기도를 하는 법당에서는
힘든 절도 저절로 되는 듯합니다.
함께 절하고 염불하고 염원하는
그 마음들이 모여서 힘이 되는 것 같습니다.

수행도, 일도
혼자서 하려고 낑낑거리지 마세요.

힘이 들 때
손도 내밀어 보고
내민 손 받아도 주고
함께 나누다 보면
그 짐은 훨씬 가벼워질 것입니다.

비교하지 말기

다름을 인정하는 건 쉽지 않은 일입니다.

만날 때마다 느껴지는 불편함은
나와 다른 상대방 때문이 아니라
스스로가 만든 거란 걸 알지만
불편하고 꼬인 마음을 푸는 일은
여간 어려운 게 아닙니다.

자신의 부족함을 인정하고
자신의 욕심을 봐야 하기에
쓰리고 처참해질 수 있습니다.

너덜너덜 상처투성이가 되었다면
어서 툴툴 털고 일어나세요.

상대가 너무 높다고, 멀리 있다고
부러워하지 말고
스스로의 존재만으로도 충분하고
가치 있다고 존중해 주세요.

새로운 날

한 해가 저물고 있습니다.
아쉬운 일도 많지만 그런 마음 접어 두고
새로운 날을 즐거운 마음으로 기다립니다.

매일 매일이 사실은
그저 이 순간, 오늘일 뿐이지만,
한 해가 가고
새로운 해가 뜬다는 상상이
좋은 방편이 되어
다시금 마음을 다잡게 해줍니다.

한 해가 갈 때
과거의 모든 죄, 업장, 후회, 미련 등도
함께 깨끗이 보내 버리고,
새로운 해를 맞이하며
전혀 새로운 나로 태어날 수 있어서 좋습니다.

도반

부처님 법 만난 행운
좋은 스승 만난 행운
함께 공부할 좋은 도반을 만난 행운.

전 이 행운을 모두 가졌습니다.
진정 행운아입니다.

본래의 자리

"가장 편안했던 순간을 생각해 보세요."

그 물음에 내가 찾아간 곳은
태중(胎中)이었습니다.
그 놀라운 경험은 지금까지도
소중한 순간으로 기억됩니다.

덕분에 가끔 힘들고 불안할 때면
그때 본 공간 속으로 들어갑니다.

어느 곳보다 고요하고, 안전하고,
엄마 품처럼 따스하고 편안한 자리.
더없이 순수했던 그 자리.

죽어서 가는 곳이 아니라
하루를 지내면서도 놓지 말아야 할 그 자리.
온전히 나다울 수 있는 근원의 힘이 되는 자리.

본래의 자리.

걱정하면 지는 거고
설레면 이기는 겁니다
ⓒ 용정운, 2018

2018년 3월 9일 초판 1쇄 발행
2019년 9월 30일 초판 3쇄 발행

글·그림 용정운
발행인 박상근(至弘) • 편집인 류지호 • 편집이사 김선경
책임편집 김소영 • 편집 이상근, 양동민, 주성원, 김재호
디자인 쿠담디자인 • 제작 김명환 • 마케팅 허성국, 김대현, 최창호, 정승채, 이선호 • 관리 윤정안
펴낸 곳 불광출판사 (03150) 서울시 종로구 우정국로 45-13, 3층
　　　　대표전화 02) 420-3200 편집부 02) 420-3300 팩시밀리 02) 420-3400
　　　　출판등록 1979. 10. 10. (제300-2009-130호)

ISBN 978-89-7479-387-6 (03810)

이 도서의 국립중앙도서관 출판예정도서목록(CIP)은
서지정보유통지원시스템 홈페이지(http://seoji.nl.go.kr)와
국가자료공동목록시스템(http://www.nl.go.kr/kolisnet)에서 이용하실 수 있습니다.
(CIP제어번호: CIP2018005092)

잘못된 책은 구입하신 서점에서 바꾸어 드립니다.
독자의 의견을 기다립니다. www.bulkwang.co.kr
불광출판사는 (주)불광미디어의 단행본 브랜드입니다.